비만 어린이들의 공통적인 특징은 야외 활동이 적고, 혼자서 무작정 많이 먹으며 가려 먹는다는 것입니다. 해답은 여기에 있지요. 일찍부터 골고루 먹는 습관과 일찍 자는 습관에 아이를 길들이는 것이에요. 초등학교 입학 전까지 정상 체중을 유지시키고, 사춘기 전까지 키와 체중의 비율을 적정하게 맞춰 자라도록 합니다. 이것이 이 책을 통한 지혜로운 부모님의 아이 사랑 방법입니다.

경희대학교 한의과대학 한방소아과 주임교수 **김덕곤**

글 이현

전남대학교에서 간호학을 공부하였으며 광주대학교 문예창작학과와 동 대학원에서 아동문학을 전공했습니다. 동화와 동시 부문에서 각각 아동문예문학상을, 동극 부문에서 주평동극상을 수상했습니다. 현재 한방병원에서 간호실장으로 일하고 있습니다. 작품으로는 《나는요, 오줌싸개 이푸순 이랍니다》, 《키 작은 아이》, 《비밀이 생겼어요》, 《나는 다르지 않아》, 《키 크는 그림책》, 《아토피를 조심해》 등이 있습니다.

그림 픽토스튜디오

픽토스튜디오는 1998년 설립 이후 〈짠짠 덩어리 가족〉을 비롯한 다수의 감동적인 애니메이션 작품을 KBS, EBS, SBS 등과 함께 만들어 왔습니다. 최근에는 〈애코와 친구들〉, 〈아기종벌레 포포〉를 비롯한 창작 애니메이션과 증강 현실(AR), 기능성 게임 기술을 활용한 교육용 콘텐츠 개발에 여념이 없답니다. 픽토스튜디오에 대해 궁금하신 분은 아래 주소로 놀러 오세요.
www.pictostudio.net

감수 김덕곤

경희대학교 한의과대학 한방소아과 주임교수입니다. 경희의료원 한방병원 교육부장 및 일본 규슈대학 연구교수, 대통령 한의학 관련 정책 자문위원을 역임하였습니다. 또한 인도 국립전통의학 연구소(CCRAS) 연수 및 캐나다 자연의학대학(CCNM) 방문교수를 하였습니다. 현재 성장, 학생건강, 경기를 전문으로 진료하고 있으며 학생건강클리닉, 허약아클리닉 등을 맡고 있습니다.

삐뽀삐뽀 건강맨 ❸ 비만편

비만은 안 돼요

ⓒ 글 이현 · 그림 픽토스튜디오 · 감수 김덕곤, 2011

펴낸날 1판 1쇄 2011년 6월 3일 1판 4쇄 2021년 1월 7일

글 | 이현 그림 | 픽토스튜디오 감수 | 김덕곤

펴낸이 | 문상수 펴낸곳 | 국민서관(주) 출판등록 | 제406-1997-000003호.

주소 (10881) 경기도 파주시 광인사길 63 국민서관(주)

전화 | 070)4330-7866 팩스 070)4850-9062

홈페이지 http://www.kmbooks.com 카페 http://cafe.naver.com/kmbooks

페이스북 http://www.facebook.com/kookminbooks

ISBN 978-89-11-02944-0 14370 / 978-89-11-02947-1 (세트) 값 12,000원

* 잘못된 책은 구입하신 곳에서 바꿔 드립니다.
* 이 책의 일부를 재사용 하려면 반드시 국민서관(주)의 동의를 얻어야 합니다.

「이 도서의 국립중앙도서관 출판시도서목록(CIP)은 e-CIP홈페이지(http://www.nl.go.kr/ecip)와 국가자료공동목록시스템(http://www.nl.go.kr/kolisnet)에서 이용하실 수 있습니다.(CIP제어번호: CIP2011001880)」

삐뽀삐뽀 건강맨 ❸

비만편

비만은 안 돼요

이현 글 | 픽토스튜디오 그림 | 김덕곤 감수

국민서관

강희가 자꾸만 졸라요.
"오빠, 우리 놀이터 가자. 응?"
"싫어, 움직이기 싫어."
"엄마가 운동하랬잖아.
만날 뒹굴뒹굴하니까 살찐다고."

"살 좀 찌면 어때? 나는 뒹굴뒹굴 놀이가 제일 좋아."
"정말? 정말이지? 엄마! 엄마!"
"강희, 너 진짜……! 알았어. 간다고, 간다고!"

강희는 신이 나서 외쳤어요.
"와, 재밌겠다. 오빠, 우리 미끄럼틀 타자."
쳇, 나는 싫은데. 정말 귀찮은데 말이에요.

나는 투덜투덜 미끄럼틀 위로 올라갔어요.
그런데, 으이구!
앉자마자 엉덩이가 미끄럼틀에 끼었어요.
강희가 웃었어요. 친구들도 웃었어요.
모두들 킥킥킥 웃으며 영차 영차 빼내 줬어요.

살 좀 빼!

"오빠, 시소 타자."
"싫어."
"왜 그래, 재밌잖아! 이건 엉덩이도 안 끼잖아."
"알았어, 알았다고."

내가 그렇게 무겁나….

그런데, 쿵!
내가 시소에 앉자마자 강희가 날아갔어요.
하늘 높이 슈웅!
친구들이 우르르 달려갔어요.
두 팔을 쭉쭉 뻗어 강희를 받았어요.

나는 미끄럼틀도 안 되고 시소도 안 돼요.
그런데도 강희는 자꾸만 놀재요.
"오빠, 이번엔 술래잡기 하자!"
"너…… 이번이 마지막이야."
내가 술래예요.
모두들 벌써 저만큼 달아났어요.

나는 어느새 헉헉헉 숨이 차요.
다리도 아파요. 후들후들 떨려요.
자꾸만 머리가 어질어질, 하늘이 빙글뱅글 돌아요.

헉 헉

헉 헉

그…만…그만…

"도와……줘, 건강맨!"

"건아, 왜 그래? 무슨 일이야?"

"조금만 움직여도 숨이 차. 하늘도 뱅글뱅글 도는 거 같아."

"저런, 그건 네가 살이 너무 쪄서 그래."

"나도 그럼 살 뺄 수 있을까?"

"물론이지! 나는야, 뛰어가요, 삐뽀삐뽀! 달려가요, 삐뽀삐뽀!
몸도 튼튼 마음도 튼튼! 삐뽀삐뽀 건강맨이잖아.
그러니까 가뿐한 몸이 되려면……."

삐뽀삐뽀! 안 돼요, 안 돼!
게임 하면서 먹으면 살이 쪄요.
정신없이 냠냠 쩝쩝, 마구 먹게 되니까요.
씹지도 않고 꿀꺽꿀꺽,
허겁지겁 먹어도 살이 쪄요.
많이 먹게 되니까요.
자꾸만 살이 쪄요.

지방 덩어리

지방 덩어리는 과도하게 모인 지방 세포들을 부르는 말입니다. 지방 세포들이 커져서 덩어리를 이루면 그 부위의 피부가 탄력성을 잃게 되며 건강에도 나쁜 영향을 끼칩니다.

삐뽀삐뽀! 안 돼요, 안 돼!
화풀이로 냠냠 짭짭 먹어도 살이 쪄요.
마음대로 아무 때나 먹어도 살이 쪄요.
밤 늦게 잘 때까지 이것저것 먹어도 살이 쪄요.
자꾸만 자꾸만 살이 쪄요.

피자
342kcal

햄버거
256kcal

치킨
167kcal

아이스크림
220kcal

삐뽀삐뽀! 안 돼요, 안 돼!
초콜릿이나 아이스크림처럼
단것을 먹으면 살이 쪄요.
피자나 햄버거를 먹어도 살이 쪄요.
칼로리가 높을수록 살이 쪄요.
자꾸만 자꾸만 살이 더 쪄요.

케이크 (1조각)
240kcal

도넛
281kcal

사탕 1개
17kcal

감자튀김
220kcal

돈가스
240kcal

칼로리는 힘을 낼 수 있는 열에너지를 뜻합니다. 인스턴트 음식, 패스트푸드는 적은 양을 먹어도 매우 많은 칼로리를 섭취하게 됩니다. 이때 사용하지 못하고 남은 에너지는 지방이 되어 몸에 쌓이므로 적당히 섭취해야 합니다.

소아의 일일 칼로리 섭취 권장량
•1~3세: 1200kcal •4~6세: 1600kcal •7~9세: 1800kcal

삐뽀삐뽀! 안 돼요, 안 돼!
자꾸만 자꾸만 살이 찌면 찔수록
키가 잘 자라지 않아요.
움직이는 것도 힘들어요.
친구들과 잘 어울리지도 못해요.

• 비만 어린이는 같은 연령에 비해 키가 큰 경우가 있습니다. 그러나 대부분 몸속에 지방이 많아 사춘기가 일찍 오고 성장판이 일찍 닫혀, 오히려 또래 아이들보다 작은 키가 됩니다.

• 비만 어린이는 조금만 움직여도 두터운 잠바를 입고 움직이는 것처럼 몸에 열이 많이 납니다. 또 오랫동안 열이 지속되기 때문에 땀도 더 많이 납니다. 이렇게 땀을 많이 흘리면 한기가 들어 감기에 잘 걸리고 열이 계속 나면 신체 리듬이 빨라져서 심폐 기능에 무리가 오게 됩니다.

• 비만 어린이는 자기 모습과 친구들 모습을 비교하면서 자신감을 잃기 쉽습니다. 또한 친구들로부터 놀림을 당하거나 외톨이가 되는 일이 종종 있어서 친구들과 잘 어울리기 어렵습니다.

- 우리 몸은 수많은 세포가 모여서 만들어지는데, 소아기 때는 세포 크기가 커지고 세포 숫자도 많아지게 됩니다.
이때 비만으로 몸속에 지방이 많아지면 지방 세포의 숫자도 늘어나는데, 이것은 어른이 되어서도 줄어들지 않습니다.
그러므로 살을 열심히 빼서 세포 하나하나의 크기를 줄인다고 하여도 세포의 숫자가 많기 때문에 날씬한 몸을 만들기가 힘듭니다.

- 소아 비만은 비만 세포가 많이 늘어나는 영아기(2세 이하), 4~7세 그리고 사춘기 때에 가장 주의를 요합니다.

- 소아 비만은 80~85%가 성인 비만이 됩니다.
또한 비만 어린이의 40%가 고지혈증, 고혈압, 당뇨병, 지방간, 수면무호흡증후군 등의 성인병에 걸립니다.

삐뽀삐뽀! 안 돼요, 안 돼!
자꾸만 자꾸만 살이 찌면
자주 아파서 병원에 가야 해요.
커다란 주사도 맞고
쓴 약도 먹어야 해요.

안 돼요, 안 돼!
살 안 찌려면 어떻게 하죠?

좋아요, 좋아!
항상 식탁에 앉아 식사를 해요.
가족들과 이야기하며 천천히 꼭꼭 씹어 먹어요.
밥보다는 반찬을 골고루 더 많이 먹어요.
아침, 점심, 저녁 꼬박꼬박 제시간에 먹어요.

- 일정한 시간에 식사를 하는 습관은 몸 안에서 영양분을 과도하게 흡수하는 것을 막아줍니다. 또한 일정한 장소에서 음식 먹는 습관을 들이면, 아무 데서나 간식 먹는 횟수를 줄일 수 있어 좋습니다.

- 소아 비만을 예방 및 치료하려면 일주일에 적어도 5번 이상 가족들과 식사를 같이 하는 것이 좋습니다. 가족들이 함께 칼로리가 적은 건강한 식사를 하면, 아이들도 자연스럽게 건강한 식단에 적응을 할 수 있고, 음식을 천천히 먹게 되어 비만을 예방하는 데 도움이 됩니다.

좋아요, 좋아!
초록군 음식은 마음껏 먹어도 좋아요.

포도

레몬

미역국

당근, 오이

김

버섯

배추

기름기를 뺀
맑은 육수

수박

좋아요, 좋아!
노랑군 음식은 적당량을 먹어요.

껍질 제거한
닭고기

두부

국수

생선구이

콩

계란

사과

귤, 배

※ 음식 일기장을 만들어서 아이가 그날 먹은 음식을 기록해 주세요. 이때 식사표와 간식표를 구분하여 만드는 것이 좋습니다.

좋아요, 좋아!
간식은 사 먹는 것보다 집에서 만든 걸 먹어요.
간식을 먹고 나면 재빨리 치카치카 이를 닦아요.
간식을 다 먹은 다음에는 식탁 위를 깨끗이 치워요.
더 이상 먹지 않게요.

좋아요, 좋아!
좋아하는 운동을 정해서
신나게, 재밌게 열심히 해요.
날마다 해요. 꾸준히 해요.

살이 빠질 거예요.
조금씩 조금씩 살이 빠질 거예요.
몸이 한결 가뿐해질 거예요.

• 아이가 좋아하고 재밌어 하는 체질에 맞는 운동을 합니다.
예) 달리기, 걷기, 인라인, 체조, 줄넘기, 자전거 타기, 배드민턴, 수영

• 운동을 얼마나 많이 하느냐보다는 얼마나 꾸준히 하느냐가 더 중요합니다.
일주일에 최소 3~5회, 30~60분 정도 알맞게, 몸에 땀이 날 정도로 꾸준히
운동을 하고, 평소에도 활동량을 늘려 생활하는 것이 좋습니다.

아호!

강희와 함께 시소를 타요.
쿵덕쿵덕, 재밌어요.
발을 힘차게 굴러 땅바닥을 밀면
하늘 높이 슝!

나도 이젠 몸도 튼튼 마음도 튼튼!
멋진 건이가 될 거예요.

삐뽀삐뽀
건강맨,
궁금해요!

소아 비만은 무엇인가요?

비만은 지방 세포의 수가 많아지거나 세포의 크기가 커져서 몸에 필요 이상으로 많은 양의 지방이 쌓이는 상태를 말해요. 체지방의 크기와 수가 동시에 증가하는 연령인 2세 이전, 4~7세, 사춘기 시기에는 특별히 더 많은 주의가 필요합니다.

소아 비만은 비만과 마찬가지로 고지혈증, 지방간, 고혈압과 당뇨병 같은 성인병에 걸릴 수 있을 뿐만 아니라 80~85% 이상이 성인 비만으로 연결됩니다. 그렇기 때문에 소아 비만은 일종의 질병입니다. 특히 소아 비만은 식사 조절 없이 운동만으로 치료하기 어렵습니다. 이는 30분을 걸어도 우유 한 팩의 열량, 30분을 뛰어도 피자 한 조각 열량만 소모하기 때문입니다. 따라서 음식 습관과 운동은 함께 가야만 합니다. 또한 단기적인 체중 감량보다는 전반적인 생활 습관을 개선해 주는 것이 가장 중요합니다.

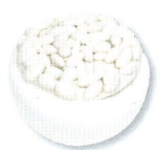

피크위크 증후군은 무엇인가요?

고도 비만의 경우 목 부위에도 살이 찝니다. 이때 누운 자세를 취할 경우 기도가 압박을 받아 숨이 막히게 되는데, 가슴에 쌓인 지방 때문에 폐가 충분히 움직일 수 없어 산소가 부족하게 됩니다. 이런 이유로 깊은 잠을 자기가 어려워 아이는 일상생활 중 자주 졸게 됩니다.

음식은 왜 천천히 꼭꼭 씹어 먹어야 할까요?

일반적으로 우리 몸은 음식을 먹기 시작해 20~30분이 지나서야 포만감을 느끼기 시작합니다. 따라서 음식을 천천히 꼭꼭 씹어 먹으면 적은 양으로도 배가 부른 느낌을 얻게 되지만, 허겁지겁 빨리 먹으면 포만감을 느끼기도 전에 음식을 너무 많이 섭취하게 됩니다.

신호등 식사 요법은 무엇인가요?

각 음식을 신호등의 색깔에 따라 분류하여 음식 섭취량에 따라 식사하는 방법을 말합니다. 열량이 높고 영양소가 적은 빨강군의 음식은 섭취를 제한하며, 초록군의 음식은 보통 한 번 먹는 양의 열량이 20kcal 이하인 것으로 제한 없이 먹도록 합니다. 노랑 식품군은 정해진 양만 먹게 합니다. 특히, 빨강 식품군은 조리를 할 때 기름이나 설탕을 많이 이용한 것으로 일주일에 4가지 이상의 빨강 식품 섭취를 제한합니다. 튀김, 마요네즈를 사용한 샐러드, 도넛, 햄버거, 피자, 케이크 같은 것입니다. 이 식품들은 열량은 높으나 성장에 필요한 영양 성분은 상대적으로 적습니다.

하나, 밥을 올바르게 먹도록 해 주세요

밥을 적게 먹어야 살이 빠진다는 인식 때문에 아이가 밥을 적게 먹도록 하는 경우가 있습니다. 그러면 스트레스 때문에 식욕이 더 강해지고 이것저것 군것질을 하여 아이가 더 살 찌게 됩니다. 경우에 따라서는 밥을 적게 먹기 전보다 1.5~2배 정도 칼로리를 섭취하게 되어요. 물론 이렇게 먹으면 필요한 영양소도 제대로 섭취하기 어렵습니다. 아이가 고도 비만이 아니라면 밥을 세끼 제대로 먹도록 해 주세요.

둘, 아이들이 먹는 음식을 조절해 주세요

① 아이들이 좋아하는 소시지와 햄은 포화 지방 함유율이 높고, 각종 첨가물이 들어 있으므로 끓는 물에 데친 후 먹도록 해 주세요.

② 기름을 이용한 요리를 할 때는 튀김보다는 되도록 구워서 조리해 주시고, 볶을 때도 평소 기름의 반 정도만 넣고 물을 섞어 주세요.

③ 간편한 냉동식품이나 레토르트 식품은 가능하면 먹이지 말아 주세요. 부득이하게 먹일 경우 저장 방법과 유통 기한을 꼭 지켜서 환경 호르몬에 노출되지 않도록 주의해 주세요.

④ 탄산음료보다는 우유나 오렌지 주스를 마시게 해 주세요. 그러나 과일 주스에도 당이 들어 있으므로 가능하면 무가당 음료를 선택해 주세요.

⑤ 우유를 마실 때는 적당량을 먹도록 해 주세요. 보통 체격의 아이라면 하루 500ml 정도 마시지만, 소아 비만인 아이라면 필요 열량에 따라 제한해 주세요.

⑥ 아이가 아이스크림을 좋아할 경우에는 잘 익은 바나나를 조그맣게 잘라서 얼려 주세요. 아이스크림 대신 간식으로 먹기에 좋습니다.

⑦ 과자 대신 단맛이 강한 단호박이나 고구마를 간식으로 주세요. 단호박은 각종 비타민이 풍부하며 고구마는 칼륨과 비타민A가 풍부합니다. 그냥 쪄서 한 입 크기로 먹기 좋게 잘라 주면 가장 좋습니다.

셋, 일상생활에서 자연스럽게 운동하도록 해 주세요

① 가까운 거리는 걸어 다니도록 합니다.
이전 버스정류장에서 내려 한 정거장 정도 부모님이 함께 걸어가는 것도 좋습니다.

② 엘리베이터 대신, 되도록 계단을 오르내리도록 해 주세요.

③ 아이와 매일 산책을 나가면 좋습니다. 함께 걸으면서 이것저것 이야기를 나누며 대화를 해 주세요.

④ 텔레비전을 보거나 컴퓨터 게임 하는 시간을 하루에 한두 시간 이내로 제한해 주세요. 구체적인 시간을 정확하게 정하는 것도 좋습니다.
대신 나머지 시간에는 아이들끼리 직접 놀이터에서 흙을 밟으며 뛰어놀게 해 주세요. 여러 명이서 함께할 수 있는 놀이나 운동을 하면 사회성 발달에도 도움이 됩니다.

경희대학교 한의과대학
부속한방병원 소아 성장 비만 클리닉

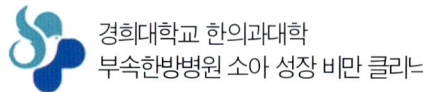

비만과 살 빼기 전략

- 표준 체중으로 가는 길 -

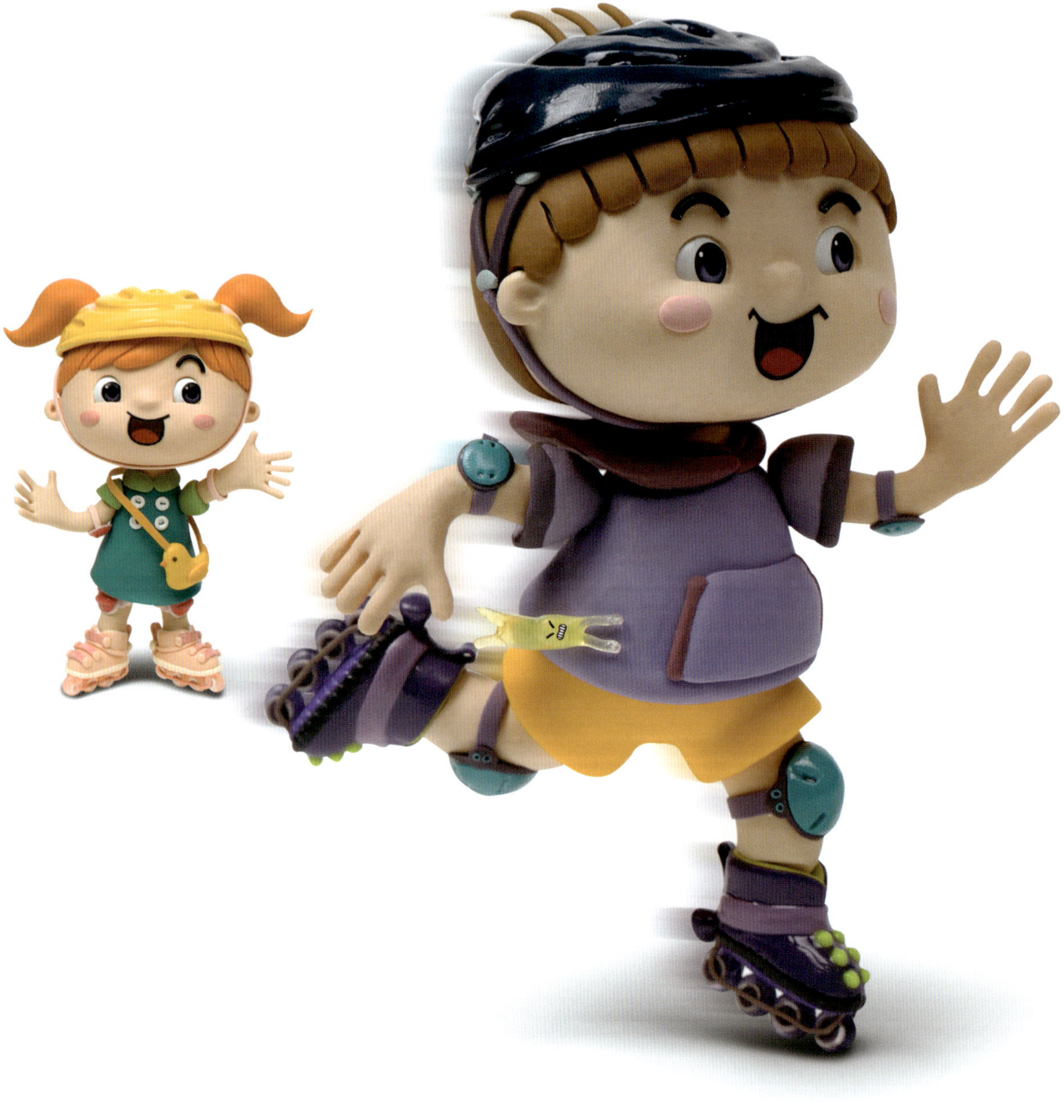

- 체중 증가가 나타나는 이유 ⇒ **에너지 섭취 〉〉 에너지 소비**의 불균형
- **식욕 조절 부진** ⇒ 유전, 생활 습관, 내분비
- 유전적인 요인 (40%) 〈〈 **환경적인 요인** (60%)
- 어린 시절의 비만은 비만 세포의 수가 늘어나기 때문에 잘 관리해야 합니다.

  특히 **4~7세, 사춘기** 때 비만이 되는 것이 위험합니다.
- 과도한 비만은 사춘기를 앞당겨 **성인 신장을 작게 할 수** 있습니다.

	아이의 현재 생활 습관	아이에게 좋은 생활 습관
먹는 습관	좋아하는 음식을 적어 주세요. ⇒ 싫어하는 음식을 적어 주세요. ⇒	• 아침을 거르지 말고 충분히 먹습니다. • 식사 시간 외에 간식을 먹지 않습니다. • 밤 늦게 간식을 먹지 않습니다. • 음식을 가리지 않고 골고루 먹습니다. • 과자, 초콜릿, 피자, 햄버거, 라면, 콜라를 먹지 않습니다.
운동 습관	하고 있는 운동을 적어 주세요. ⇒ (주 ___회)	• 항상 움직이는 습관을 갖습니다. • 규칙적으로 달리기, 줄넘기를 합니다.
수면 습관	수면 시간은 ___시부터 ___시까지 잠은 푹 자는 편입니까? 예/ 아니오	• 잠을 충분히 잡니다. • 낮잠을 자지 않습니다. • 밤늦게 게임을 하지 않습니다.

★ **부모님도 함께해야 합니다.**
- 아이에게 충분한 관심을 보여, 아이가 안정감을 느낄 수 있게 해 주세요.
- 아이 혼자만이 아닌, 가족 모두 건강한 식습관을 갖도록 해 주세요.
- 아이가 과도한 스트레스를 받지 않도록 해 주세요.